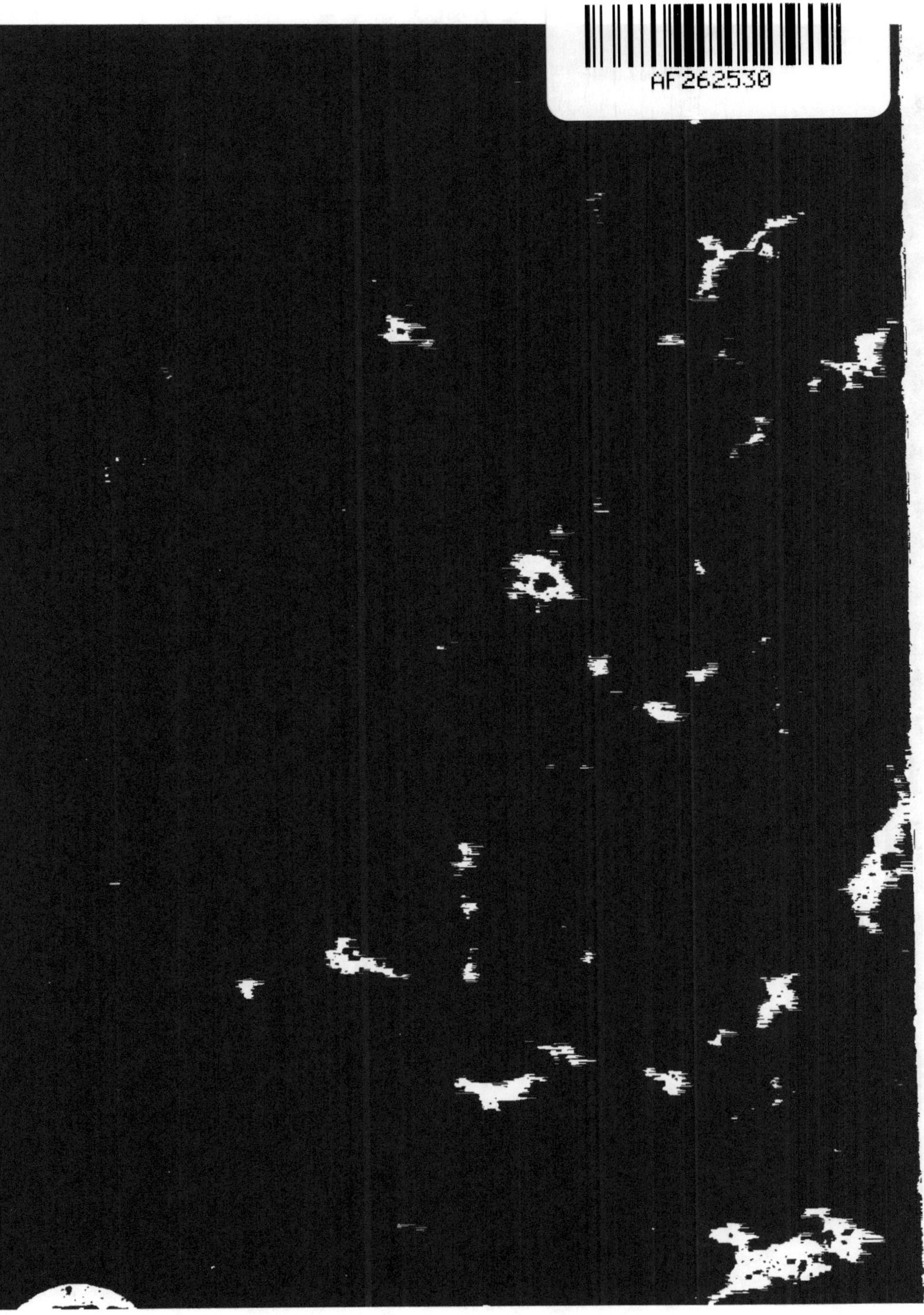

ÉLOGE

DE

VAUVENARGUES,

Qui a obtenu de la Société académique d'Aix une Mention honorable, dans sa Séance publique du mois de juin 1821.

> Les maximes des hommes décèlent
> leur cœur.
> Vauvenargues, 107.e *maxime*.

MARSEILLE,

IMPRIMERIE DE C. GUION, RUE D'AUBAGNE, N.º 6.

1822.

INTRODUCTION.

Luc de Clapiers, marquis de Vauvenargues, nâquit à Aix, le 10 août 1715. Il fit quelques études au collége, et entra comme sous-lieutenant dans le régiment du roi, où il acquit une telle réputation de vertu que les officiers les plus âgés lui donnaient quelquefois le nom de père. Il fit les campagnes d'Italie pendant la guerre de 1733. La paix ayant été faite il en profita pour se livrer à l'étude. Il se trouva à la fameuse retraite de Prague. Les fatigues qu'il y éprouva épuisèrent son tempéramment, déjà très-faible, et le déterminèrent à quitter le service et à entrer dans la diplomatie. La petite vérole qui acheva de ruiner sa santé ne lui permit pas de profiter des offres qui lui étaient faites par le ministère. Dès ce moment il ne mena plus qu'une vie languissante que l'amitié et l'étude lui rendirent moins triste, et il mourut avec la constance et les sentimens d'un chrétien philosophe, dans le sein de la paix et dans les bras de ses amis, en l'année 1747.

Voltaire qui avait discerné en Vauvenargues un génie extraordinaire, en fit bientôt son ami. Voici les lignes touchantes qu'il a consacrées dans son éloge funèbre des officiers morts dans la guerre de 1741, à l'expression des regrets que lui causait la fin prématurée du jeune Vauvenargues : « Tu n'es plus, ô douce espérance du reste de mes jours, ô ami tendre, élevé dans cet invincible régiment du roi, toujours conduit par des héros! qui s'est tant signalé dans les tranchées de Prague, dans la bataille de Fontenoi, dans celle de Laufleld où il a décidé la victoire. La retraite de Prague, pendant trente lieues de glaces, jeta dans ton sein les semences de la mort, que mes tristes yeux ont vu depuis se dévolopper : familiarisé avec le trépas, tu le sentis approcher avec cette indifférence que les philosophes s'efforçaient jadis d'acquérir ou de montrer ; accablé de souffrances au-dedans et au-dehors, privé de la vue, perdant chaque jour une partie de toi-même, ce n'était que par un excès de vertu que tu n'étais pas malheureux, et cette vertu ne te coûtait point d'effort. Je t'ai vu le plus infortuné des hommes et le plus tranquille. On ignorerait ce qu'on a perdu en toi ; si le cœur d'un homme éloquent n'avait fait l'éloge du tien , dans un ouvrage consacré à l'amitié et embelli par les charmes de la plus touchante poésie. Je n'étais point surpris que dans le tumulte des armes tu cultivasses les lettres et la sagesse : ces exemples ne sont pas rares parmi nous. Si ceux qui n'ont que de l'ostentation ne t'imposèrent jamais , si ceux qui dans l'amitié même ne sont conduits que par la vanité, révoltèrent ton cœur , il y a des âmes nobles et simples qui te ressemblent. Si la hauteur de tes pensées ne pouvait s'abaisser à la lecture de ces ouvrages licencieux, délices passagères d'une jeunesse égarée à qui le sujet plaît plus que l'ouvrage ; si tu méprisais cette foule d'écrits que le mauvais goût enfante ; si ceux qui ne veulent avoir que de l'esprit, te paraissaient si peu de chose, ce goût solide t'était commun avec ceux qui soutiennent toujours la raison contre l'inondation de ce faux goût qui semble nous entraîner à la décadence. Mais par quel prodige avais - tu , à l'âge de vingt - cinq ans , la vraie philosophie et la vraie éloquence , sans autre étude que le secours de quelques bons livres ? Comment avais-tu pris un essor si haut dans le siècle des petitesses ? Et comment la simplicité d'un enfant timide couvrait-elle cette profondeur et cette force de génie ? Je sentirai long-temps avec amertume le prix de ton amitié ; à peine en ai-je goûté les charmes, non pas de cette amitié vaine qui naît dans les vains plaisirs, qui s'envole avec eux, et dont on a toujours à se plaindre, mais de cette amitié solide et courageuse, la plus rare des vertus. C'est ta perte qui mit dans mon cœur ce dessein de rendre quelque honneur aux cendres de tant de défenseurs de l'Etat, pour élever aussi un monument à la tienne. »

Ce fut chez Voltaire que Marmontel connut Vauvenargues, et comme Voltaire, il conçut pour lui la plus haute estime. Il en a déposé les témoignages dans sa prose et dans ses vers. Dans une épître à Voltaire, il parle de ce Socrate nouveau, de ce Vauvenargues :

. . . . Qui fit voir à la terre
Un juste dans le monde, un sage dans la guerre,
Un cœur stoïque et tendre, et qui, maître de lui,
Insensible à ses maux, sentait tous ceux d'autrui.

Il dit dans une lettre à madame d'Espagnac, qu'étant jeune encore quand il connut Voltaire et Vauvenargues, il écoutait avidement leurs entretiens intéressans. « Ce que je puis ajouter, continue-t-il, c'est que M. de Voltaire, bien plus âgé que M. de Vauvenargues, avait pour lui le plus tendre respect ; et en général, jamais l'attrait de l'éloquence et le charme de la vertu n'ont obtenu un plus doux empire sur les esprits et sur les âmes. Le peu d'écrits qu'il a laissés, sont le fruit des méditations sublimes et profondes qui lui faisaient oublier ses douleurs ; il n'avait lu qu'un petit nombre de livres ; mais les meilleurs et les plus exquis ; et il les relisait sans cesse. Racine et Fénélon étaient ceux qui lui étaient le plus analogues, et il en fesait ses délices : on le sent bien à la manière dont il les a peints. C'est avec leur plume qu'il a tracé leur caractère. Le sien et vivement et fidèlement exprimé dans tout ce qu'il a écrit. En le lisant je crois l'entendre encore ; et je ne sais si sa conversation n'avait pas même quelque chose de plus délicat et de plus animé que ses divins écrits J'ai toujours regretté que M. de Voltaire n'ait pas fait pour lui ce que Platon et Xénophon avaient fait pour Socrate. Ses entretiens n'étaient pas moins intéressans à recueillir. Hélas ! ce ne sont pas les hommes, c'est la vertu elle-même qui lui a versé à longs traits la ciguë, et je la lui ai vu boire avec une égalité d'âme inaltérable. Tandis que tout son corps tombait en dissolution, son âme conservait cette tranquillité parfaite dont jouissent les purs esprits (Voyez *Voltaire*, *Marmontel*, *La Harpe*, *Palissot*, *Suard*, *l'Histoire des Hommes illustres de Provence*, les *Siècles littéraires* et les *Mélanges de littérature*).

ÉLOGE

DE

VAUVENARGUES,

Qui a obtenu de la Société académique d'Aix une Mention honorable, dans sa Séance publique du mois de juin 1821.

Les maximes des hommes décèlent
leur cœur.
VAUVENARGUES, 107.e maxime.

L'ANNÉE venait d'atteindre son dernier période depuis le jour où l'âme ardente de VAUVENARGUES avait abandonné sa dépouille mortelle. Ses disciples et ses amis s'avançaient silencieusement vers le lieu solitaire où ils lui avaient adressé un dernier adieu. Un nombre considérable de citoyens vertueux, d'hommes recommandables et d'infortunés s'étaient réunis à ce cortége. Ils allaient avec les amis du philosophe qui fut le défenseur de l'humanité, payer en son nom la dette de la reconnaissance. Arrivé à cette dernière demeure, asile de la douleur et de l'infortune, le cortége s'arrête ; la foule se prosterne, et après un moment de recueillement et de silence, Edouard, le meilleur ami du moraliste, prend la parole en ces termes :

« C'était le jour où notre maître chéri devait nous quitter pour jamais. Nous étions, comme à l'ordinaire, rangés autour de sa couche, accablés plus que lui-même en quelque sorte, le résumé de sa philosophie, et, en présence de ce mortel vertueux, je le lus à haute voix à ses disciples. Il était alors très-imparfait. La maladie, qui ne laissait à Vauvenargues que la faculté de sentir, ne lui avait pas permis d'en ordonner l'ensemble, et d'en lier les parties. J'ai osé faire ce qu'il m'a prescrit, et je vais le lire aujourd'hui tel qu'il est sorti de me mains, depuis le jour funeste de l'éternelle séparation. Je n'ai rien ajouté au fonds de l'ouvrage ; les pensées du philosophe y sont présentées sans aucune altération : je ne suis que le coloriste de ce dernier tableau où respire toute entière la première touche du peintre (1).

« Les hommes se plaignent souvent de leur destinée et ils abandonnent leur bonheur au hasard ; ils exigent tout de leurs semblables, quand eux-mêmes ne font rien pour eux ; ils se livrent inconsidérément à toutes les passions qui peuvent flatter leurs sens ou leur vanité, et ils accusent ces mêmes passions de détruire le repos de leur existence. Mais que penserait-on de celui qui, poussé dans des mers orageuses, abandonnerait son esquif aux flots qui viendraient l'assaillir, et se plaindrait ensuite de son naufrage ? Et quelle mer est plus orageuse que la vie ! Et quels flots sont plus impétueux que les passions ! L'homme a été créé pour vivre avec des hommes ; il doit donc s'appliquer à étudier leur esprit, leurs goûts, leurs passions, leurs vertus et leurs vices ; qu'il les compare ensuite avec ce qu'il sent lui-même ; il parviendra ainsi à connaître le bien et le mal, ce qu'il faut estimer ou mépriser, aimer ou haïr, et il sera conduit naturellement à s'instruire de ses devoirs envers ses semblables ; ce que l'on appelle la morale.

---

(1) Le discours qu'on attribue à Vauvenargues, est une analyse de ses ouvrages.

» La morale appliquée aux bienfaits de l'existence , lui dévoilera naturellement un Dieu qui nous donne le sentiment et la vie , et elle lui indiquera ses devoirs envers la Divinité.

» Appliquée aux intérêts réciproques de la société, la morale prendra le nom de politique. De sorte que cette science renferme les intérêts les plus chers de notre existence , qu'elle rattache ainsi à la Divinité , aux trônes , à la société et à nous-mêmes.

» Cependant la morale ne paraît plus tenir aujourd'hui qu'à nos rapports avec le Ciel et avec nos égaux. La perversité des hommes l'a tellement séparée des hautes négociations de la politique , qu'elle paraît maintenant lui être devenue étrangère. Je dirai même plus , les choses en sont venues au point , qu'il y aurait de l'imprudence à vouloir la rétablir en possession de cette partie de son domaine. Rarement la pureté des principes l'emporte sur la perfidie et l'astuce. L'homme d'état qui voudrait régler la politique sur la morale , compromettrait nécessairement les destinées du peuple dont le sort lui serait confié ; il se voit donc obligé de l'en détacher , et cette nécessité reconnue , est la barrière éternelle qui doit l'en séparer.

» Sacrifier son intérêt particulier au bien général, voilà le fondement de la morale ; la religion et la loi en sont les sauve-gardes : l'une offre à l'homme vertueux une récompense ou un dédommagement digne de lui ; l'autre est le frein que la société présente à l'homme pervers. Celui qui préfère son intérêt à l'intérêt général ne mérite plus que les lois le protègent ; il ne doit plus en être que surveillé ; et si la société en souffre , il doit en être puni. Ainsi j'appelle vertu , ce sacrifice que l'on fait de soi-même à la société ; j'appelle vice , le refus

.de ce sacrifice. Je n'ignore pas que de prétendus esprits forts , d'imprudens moralistes nient le principe que je viens d'établir ; qu'ils attribuent tout au hasard ; qu'ils ne reconnaissent ni bien ni mal moral, et refusent même de croire à la vertu qu'ils ne séparent pas du vice ; mais ceux mêmes qui tiennent ce langage ne sont-ils pas obligés de reconnaître que , parmi leurs faiblesses , ils surprennent quelquefois en eux des sentimens de vertu. Pourquoi osent-ils donc les désavouer ! confondent-ils le courage et la crainte , la sagesse et la folie , la maladie et la santé ? Et si ces choses sont évidentes pour eux , si elles sont réelles , pourquoi refuser un degré de probabilité à l'existence de la vertu , à celle du vice , principes évidens des résultats qu'ils méconnaissent ?

La vertu peut seule faire le bonheur des hommes , et seule exciter leur admiration et leur enthousiasme. J'en vois la preuve dans la nécessité où est le vice de prendre le masque de la vertu pour n'être point repoussé, même par ses partisans les plus chauds. Préférez la vertu à tout , vous n'y aurez jamais de regrets. Ne croyez pas ce qu'on vous dit , qu'il n'y a que dépravation et faiblesse : il ne faut pas que les hommes présument trop de leur courage et de leurs avantages , mais il faut qu'ils se connaissent capables de vertu , pour ne pas désespérer d'eux-mêmes. Ils naissent , n'en doutons pas , avec les semences du bien. Ce sont les passions , c'est l'opinion , ce sont les maximes pernicieuses qui détruisent en eux ces semences utiles , et y font germer celles du mal. La corruption des principes est presque toujours la cause de la corruption des mœurs. Ainsi c'est le monde qui engendre le vice , et c'est le vice qui fait de l'état social la cause de toutes nos infortunes. La vertu se compose de toutes les qualités qui

(7)

contribuent au bien du genre humain , et développe
ainsi les élémens du bonheur , qui est le but constant
de nos efforts et l'objet de tous nos vœux. Nous n'avons
qu'à analyser les passions, pour nous convaincre de cette
vérité éternelle.

» Le plaisir et la douleur sont l'essence et le fonds
de toutes les passions. Le plaisir est naturellement atta-
ché à l'être : la douleur résulte de notre imperfection.
Il y a deux sortes de passions , celles qui naissent immé-
diatement des impressions que reçoivent nos sens , et
celles qui nous viennent par l'organe de la réflexion.
Les premières sont l'effet du rapport qu'il y a entre ce
qui existe et nous ; les secondes ont leur principe dans
la perfection ou l'imperfection de l'être. Celui en qui le
sentiment de sa misère est plus puissant que celui de ses
forces , se laisse facilement abattre , et se livre par
insouciance ou par dégout à la tristesse , à l'ennui , au
découragement , au vice et à toutes les passions hon-
teuses qui le conduisent rapidement au crime. Celui en
qui le sentiment de ses forces l'emporte , trouve en
tout des motifs d'encouragement , est plus enjoué ,
plus confiant , plus humain , et il cherche tous les
moyens d'agrandir la sphère de sa puissance , de ses
plaisirs , de son bonheur , et d'atteindre à une perfection , terme de tous ses désirs , qu'il ne croit pas
impossible. Mais il faut craindre de confondre cette
juste confiance en ses forces , et ce désir de perfection ,
qui rentre dans l'amour de soi avec l'amour-propre. Ce
dernier sentiment, qui préside au commerce du Monde ,
est à lui-même son seul objet et sa seule fin; il subor-
donne tout à sa commodité et à son bien-être , tandis
que l'amour de soi est noble et vrai , et nous porte
souvent à nous aimer hors de nous , dans ceux qui
nous entourent , et à sacrifier notre existence au bien

de l'humanité, parce que nos vertus nous rendent ce bien plus cher que notre existence même. L'amour de soi nous donne aux choses, l'amour-propre veut que les choses se donnent à nous ; il se fait le centre de tout.

» L'amour différemment appliqué, entre dans toutes nos passions : il s'épure ou se pervertit, suivant la beauté ou la laideur de l'âme où il prend sa source : il est le principe de la gloire, de la générosité, de la pitié. Pourquoi faut-il qu'il soit aussi le germe de tous les vices ! Quoi de plus grand que l'amour de l'homme pour son Dieu ! Placé sur une terre libérale, il jouit bien mieux que l'incrédule des merveilles de la création. Qu'il lui est doux d'adorer la main divine qui, tous les jours, ouvre les portes de l'orient, dissipe les ombres de la nuit, féconde le sein de la terre, rappelle la nature à la vie et embrase d'un feu céleste l'âme de la créature qu'il élève par la pensée jusqu'à la divinité !

Un autre amour également beau est l'amour d'un père pour ses enfans. Il voit en eux son ouvrage, il aime en eux une partie de lui-même, c'est la plus noble application de l'amour de soi. L'amour filial n'est peut-être pas aussi fort par lui-même, en ce qu'un père ne tient rien de ses enfans, en ce qu'il est indépendant d'eux ; mais la reconnaissance, cet amour du bienfait, qui croît, qui s'élève dans une belle âme, fait bientôt disparaître cette légère nuance, et place l'amour filial au niveau de l'amour paternel.

» Après le sentiment qui nous porte à adorer la divinité, après celui qui nous identifie avec un fils ou nous unit à un père, j'aperçois un autre amour, produit par la sympathie, dont le plus souvent les sens forment le nœud, mais qui peut aussi exister sans les sens, et qui est le rapport intime de deux âmes qui se cherchent, qui se devinent, qui s'entendent et s'unissent par les sentimens. Le premier est le délire des sens; le second n'est que l'amitié portée à son excès par une sympathie plus forte; il en est comme la passion. Ceux qui contesteraient cet amour pur outrageraient l'humanité et méconnaîtraient le plus beau privilége de l'âme, le pouvoir du sentiment.

» L'amitié est produite par une sympathie moins forte que celle que nous venons de définir, mais elle vient aussi du besoin que nous avons d'aimer et d'être aimé, et de l'impuissance où nous sommes de nous suffire à nous - mêmes. Placée dans un cœur vertueux elle l'agrandit, le soulage, le console et trouve en lui les élémens de sa durée. Née dans un cœur faible, frivole ou méchant, elle fournit bientôt des armes à l'amour-propre qui devient exigeant, inquiet, tyrannique, et elle se change presque toujours en dégoût ou en haine.

» On a prétendu que la pitié n'était que l'amour de nous-mêmes et le résultat de la réflexion qui nous porte à soulager des maux que nous craignons. Cette assertion serait-elle vraie que nous devrions encore trouver noble un sentiment si souvent méconnu; mais je soutiens que la pitié naît simultanément dans nos âmes et que la réflexion ne fait que la développer et l'affermir. Pourquoi la misère ne pourrait-elle sur nos cœurs ce que peut la vue d'une plaie sur nos sens? N'est-on pas porté toujours à secourir un malheureux avant d'avoir réfléchi aux conséquences fâcheuses qui peuvent en résulter pour nous ! un homme est attaqué; on vole à sa défense, pense-t-on d'abord qu'on peut y rencontrer le trépas! non ! l'homme est essentiellement bon, il porte en lui le germe de toutes les vertus, et c'est le calomnier que de prétendre qu'il n'est susceptible d'aucun sentiment désintéressé.

» On ne peut avoir l'esprit pénétrant sans aimer les

arts. Mais l'étude ne doit pas exclure le commerce du monde ; elle nous fait penser profondément et le monde naturellement. Ils se modifient l'un par l'autre et produisent la justesse, la modération et le bon goût.

» Il est impossible d'avoir l'âme grande sans aimer la gloire. L'amour de la gloire nous conduirait à toutes les vertus, si nous savions l'adapter à nos passions, et s'il ne nous entraînait souvent à des actions au-dessus des forces de notre âme, et disproportionnées avec nos moyens physiques. Quand il est en rapport avec nos passions il nous perfectionne, il nous rend meilleurs, il nous fait chérir les travaux que notre devoir nous impose, il soutient, il encourage nos dispositions à la vertu ; il couvre d'un voile honorable les pertes de l'âge avancé, il fait enfin survivre l'homme à lui - même, tandis que celui qui méprise la gloire n'est susceptible d'aucune vertu, et meurt, comme s'il n'avait jamais vécu.

» L'estime est un mélange d'amour et de respect. Elle est moins froide que ce dernier sentiment ; elle ne pourrait pas exister sans l'autre. On estime rarement ce que l'on hait.

» Je pourrais définir ainsi toutes les passions ; la vanité qui est le sceau de la médiocrité ; la simplicité, perfection de l'esprit et du cœur ; l'avarice, signe certain de petitesse ou de défaillance ; la libéralité qui fait ressortir les vertus ; le désir, l'inquiétude, l'espérance, le regret qui viennent de l'amour ; la colère, le dégoût, lo mépris, l'indignation qui sont produits par la haine ; et peut-être, qu'à la suite de cet examen, nous acquerrions, la preuve que la vertu n'est que le résultat de l'amour pur d'où dérivent la bonté, la générosité, la clémence, la bonne foi, la modération, la sagesse et toutes les qualités qui contribuent au bien du genre humain.

de même que le vice n'est que le produit de la haine
qui engendre la cupidité , l'imposture , la bassesse ,
l'inhumanité , la perfidie et tout ce qui peut contribuer
au malheur des hommes. Mais j'ai déjà développé tous
les caractères et les nuances de ces diverses passions dans
mes écrits. Je crois qu'il me suffit dans ce moment de vous
les avoir indiqués. Ne croyez pas cependant , parce que
vous reconnaîtrez en vous quelqu'une de ces passions
qui deshonorent l'âme , qu'il n'est plus d'espoir pour la
vertu : on ne doit pas rougir d'être faible , ou il faudrait
rougir d'être homme. Consolons-nous de nos défauts ,
quand nous nous reconnaissons des vertus qui peuvent
les racheter.

» Il serait absurde , comme le veulent certains philosophes , de prétendre réprimer toutes ses passions ; c'est
un effort au-dessus de la puissance humaine : la sagesse
est de les modifier les unes par les autres , et de ne
jamais se décourager , en cherchant à pratiquer la vertu.
Pour être heureux il faut un mélange de courage et de
faiblesse , de tristesse et de présomption , de désirs et
de regrets. Il y a des vices même qui , contenus dans
de justes bornes par la prudence , concourent au bien
général en ce qu'ils favorisent l'industrie , font fleurir
le commerce et tournent , en résultat , au profit de
l'humanité.

» Hommes , cessez d'accuser la Divinité de votre
destinée , souvent déplorable : cessez de l'accuser de
partialité ou d'injustice. Elle a dû accorder aux uns la
science et l'amour du travail; aux autres , la force ou
l'adresse , afin que l'homme pût être utile à l'homme ,
et que tous les arts fussent également cultivés. Elle a
assigné aussi à chacun des biens et des maux mani-
festement compensés , de manière à ce que , nos passions
étant en rapport avec notre fortune et notre condition ,

nous puissions ne désirer que des plaisirs possibles et trouver ainsi le bonheur dans toutes les classes de la société. Si ce but a été manqué ; si ces intentions ont été trompées , qui doit-on en accuser ? Les hommes eux-mêmes qui , dédaignant la vertu , détruisent l'équilibre des passions , et assurent le triomphe du vice qui ne peut conduire qu'à la désorganisation de la société. Dieu a assez fait , en établissant la religion qui est là pour consoler le faible opprimé, et pour réprimer ou menacer la perversité des hommes. C'est elle qui dit au malheu-reux : le riche t'abandonne , eh bien ! une vie plus heureuse t'attend ; le ciel se charge de ta vengeance ; il se promet de te dédommager de tous tes maux , et te fera planer dans l'immensité sur cette tourbe insensée qui , chargée de dispenser les trésors de la fortune et les consolations de la vertu , ira s'abymer dans le même tombeau et sera écrasée par la même main dont elle aura méconnu le pouvoir. O mon Dieu ! toi devant qui les siècles se succèdent avec tant de rapidité , les empires s'écroulent , les nations disparaissent ; fais luire à mes faibles regards l'aurore consolatrice de l'éternité ; ac-cueille mon âme prête à s'élancer vers toi , et fais que mes dernières paroles soient entendues de tous les peuples de la terre et demeurent toujours présentes à l'es-prit de ces amis fidèles que je laisse après moi.

» *Heureux sont ceux qui ont une foi sensible et dont l'esprit se repose dans les promesses de la religion !!!*

» **A** peine eus-je fini cette lecture, qu'un seul cri s'éleva au milieu de nous , oui ! dîmes-nous tous ensemble, nous chérirons la vertu ! Oui ! nous nous consacrerons au bonheur de l'humanité ! Oui ! nous honorerons le le Dieu qui règne sur l'Univers et nous promet une vie éternelle !!! Nous nous approchâmes alors avec transport du lit de notre maître, mais, ô douleur ! son corps , accablé par un dernier effort , paraît privé de la vie ; sa poitrine est oppressée, sa voix est éteinte , son œil est mourant : tous les secours , tous les soins deviennent inutiles pour rappeler en lui un reste de vie : une heure seulement s'est écoulée, et Vauvenargues a cessé d'exister ! ! !

» O mes amis , ô mes condisciples , vous que l'anniversaire de ce jour affreux rassemble en ce moment près de ce monument funèbre ; à ce souvenir déchirant, je vois vos larmes , j'entends vos sanglots. Hommes , français et chrétiens , vous ne pouvez vous retracer sans désespoir les derniers instans de celui qui fut un vrai chrétien , un bon français , un homme incomparable. Mais cependant , ne nous laissons pas accabler par la douleur. Le philosophe que nous pleurons rougirait s'il pouvait nous voir encore abîmés dans nos regrets. Imitons son courage, en sachant supporter la vie, comme il a supporté la mort. Tâchons de rendre à sa dépouille un dernier hommage qui soit digne d'elle , et, placés à la porte de son tombeau , dévoilons à ces mortels généreux qui le pleurent , à la postérité qui nous entend, les principes qui ont dicté ses ouvrages et les vertus qui ont honoré sa vie.

» Celui qui a pu dire : « Les feux de l'aurore ne sont pas si doux que les premiers regards de la gloire »; nous apprend assez que ce n'est point au milieu d'une jeunesse inconstante et folâtre , dans le tourbillon des plaisirs , ou au sein d'une molle oisiveté , que nous devons aller chercher les premières traces de ses pas. Héritier d'un nom illustré dans les fastes de l'humanité par le courage et l'héroïque dévouement de son père (1);

____

(1) Son père se nommait Joseph Clapiers de Vauvenargues ;

il sentit qu'il ne pourrait en soutenir le poids , s'il ne s'élevait au-dessus de ses semblables et n'aspirait à une noble immortalité. La crainte d'en être écrasé le rendit digne de figurer parmi ces hommes qui honorent plus leur noblesse , que leur noblesse ne les honore, et qui ont mérité des priviléges , parce qu'ils ont connu celui de faire le bien. Il était encore sur les bancs poudreux de l'école , et déjà il soupirait après la gloire , et déjà il brûlait de se rendre utile à l'humanité. Cette impatience ne lui permit pas d'achever ses études. A peine âgé de dix-huit ans , il obtint une sous-lieutenance dans le régiment du Roi , et signala une rare valeur sous le beau ciel de l'Italie. Je ne le suivrai point dans ces ex- péditions où il joignait à l'impétuosité du courage , le sang-froid qui sait l'utiliser ; je ne chercherai pas à faire valoir sa soumission , son exactitude , l'attachement qu'il sut inspirer à ses chefs , l'admiration qu'il fit naître parmi ses camarades. Hélas ! que ne puis-je borner au récit de ces combats ce que je dois retracer de sa car- rière militaire ! Que ne puis-je dire qu'après cette guerre, il déposa le glaive des guerriers pour se livrer à des travaux plus paisibles ! Mais sa valeur était réservée à des épreuves bien plus funestes, et le destin l'attendait dans les glaces de la Bohême , pour jeter dans son sein les semences du trépas ! C'est là qu'on put vraiment juger de la beauté de son âme, de la force de sa raison , de de la supériorité de son esprit. Adoré de tous ceux qui l'entouraient , il leur donnait à tous des leçons de vertu

---

il était procureur du pays , à Aix , lors de la peste de 1720. Il refusa de s'éloigner du danger, et ayant été nommé commandant, il sauva la ville par son dévouement, son zèle et les excellentes mesures qu'il prit. (*Histoire des hommes illustres de la Provence,* 1.re partie, *Histoire générale de la Provence, par Papon*).

et des exemples de courage. Jeune encore , toute l'armée
le chérissait comme un père, toute l'armée le respectait
comme un sage , toute l'armée l'admirait comme un
héros. Oh ! combien de fois ne l'ai-je pas vu , à cette
funeste retraite qui étonna l'Europe et consterna la
patrie , être le premier à franchir les bois et les neiges ,
braver la fatigue , la faim , les maladies ; oublier son
propre danger , pour secourir ses frères , et s'élancer
au-devant des coups qui devaient les frapper ! Prudent
et éclairé , il était l'ami et le conseil des chefs ; il était
l'appui de ses camarades ; il était le défenseur de ses
subordonnés. Tour - à - tour diplomate , philosophe et
soldat , il eût été l'espoir et , peut-être un jour , la gloire
de la France , si la nature , plus libérale envers lui , avait
donné à son corps cette force , cette énergie dont son
âme était si éminemment pourvue. Je ne sais si c'est
l'amitié qui nous aveuglait ; mais en voyant Vauvenargues
parcourir , comme un Dieu , ces plaines sanglantes , couvertes des débris de nos bataillons , pour combattre , pour
secourir , pour consoler , nous croyions voir le guerrier
philosophe qui vainquit Eugène à Stafarde , expia ses
victoires sous Villeroy , pardonna à Feuquières sa basse
jalousie , fut l'idole de ses soldats , et mourut comme un
sage , en faisant des vœux pour sa patrie et pour son
Roi. O mon ancien ami ! O mon maître ! permets au
compagnon de tes travaux , à l'admirateur de tes vertus ,
d'exhaler ici l'expression de ses regrets et de sa reconnaissance. C'est à toi que je dois peut-être le cruel avan-
tage de t'avoir survécu : sans ton exemple , je n'aurais
pu surmonter ma faiblesse ; sans tes secours , je n'aurais
pas revu le sol de la patrie : mon corps enchaîné par
des glaces meurtrières reposerait sous un ciel étranger ,
ou mes cendres auraient été la proie des vents. Je t'ai
dû mon salut, je t'ai dû mon bonheur, et quand j'ai

tout reçu de ta générosité , hélas ! je n'ai rien pû pour toi et j'ai dû te voir expirer sous mes yeux. Ah ! reçois du moins comme un dernier gage de mon amitié ; accueille comme le témoignage le plus vrai d'un éternel souvenir, et ces paroles qui coûtent tant à mon cœur , et ces pleurs qui inondent ma paupière et dont je couvre ton froid mausolée »

A ces mots, Edouard se jeta sur le tombeau de son ami , et le tint long-temps étroitement embrassé. Il se leva , enfin, et poursuivit en ces termes :

» Nous venons de voir avec quel zèle , quel courage et quel dévouement, Vauvenargues avait rempli les devoirs de son état , mais il n'avait pas borné à cela son étude. Il avait l'esprit trop vaste , l'âme trop grande , trop de goût pour les arts , trop d'amour pour les lettres , un désir trop bien senti d'être utile aux hommes, comme il l'était à son Roi , pour se renfermer dans les limites étroites de son état. On le voyait souvent , lorsque les foudres de la guerre se reposaient quelques instans , s'éloigner en silence , chercher la solitude et méditer sur les productions du génie et les vertus des hommes. Alors il déposait l'épée , et détournant ses regards du spectacle de la destruction , il les fixait sur les monumens d'une gloire plus douce , plus paisible et plus digne de son cœur humain et généreux. Des réflexions diverses sur nos poètes et nos orateurs, furent le fruit de ces laborieuses réflexions et lui valurent l'amitié de Voltaire. Il était en effet surprenant de voir un jeune homme , privé en quelque sorte d'éducation , vivant dans les camps , soumis aux plus dures épreuves , s'élever par la seule force de son génie au niveau et presque au-dessus de tout ce que la France possédait de plus éclairé, et dicter des arrêts que les hommes de lettres ont depuis été forcés de ratifier, et que la postérité confirmera bien mieux encore. Ah ! c'est ici que nous pouvons nous écrier avec Vauvenargues : « Pour avoir du goût il, faut avoir de l'âme ». Effectivement. cette âme lui tint lieu d'une instruction laborieusement acquise, et elle le trompa rarement. Corneille et Racine n'avaient jamais été jugés avec autant de finesse et de talent que par lui (1). Il est vrai que son opinion fut peut-être un peu sévère envers le père de la scène ; mais il avait trop de rectitude dans le jugement, trop de douceur dans le caractère, pour approuver aveuglément les sentimens quelques fois exaltés et les sentences multipliées des personnages de Corneille qui faisaient l'admiration du siècle, précisément à cause de cette exagération ; et peut-être fallut-il qu'il aigrit un peu ses reproches, pour détruire l'engouement factice qui régnait alors, et ramener aux graces nobles et au génie pur de son successeur. Qui n'aime d'ailleurs à reconnaître dans les écrits de Vauvenargues les premiers traits de ces jugemens qui ont été portés ensuite par les littérateurs les plus distingués sur les immortels ouvrages de Racine ! qui n'aime à voir avec quelle sagacité, quel choix heureux d'expressions, quelle richesse d'élocution, il retrace les sublimes beautés de ces ouvrages dont une aveugle et injuste partialité avait si long-temps décrié le mérite ! qui ne répète aujourd'hui avec lui : « Racine est le plus beau génie que la France ait eû, et le plus éloquent de ses poètes ! »

---

(1) Vauvenargues garda l'anonyme, lorsqu'il composa son discours sur Corneille et Racine, à Verdun, où était son régiment. Il l'envoya à Voltaire qui répondit, connaissant la réputation naissante de l'auteur : » Il n'y a que le marquis de Vauvenargues dans ce moment-ci, capable de produire un aussi bon ouvrage. (*Histoire des hommes illustres de Provence.*)

» Celui qui avait si bien apprécié le génie de Racine ne pouvait méconnaître celui de Boileau, son maître et son ami. Le philosophe qui depuis si long-temps cherchait la vérité ne pouvait être injuste envers le poète qui la peignit avec des couleurs si vraies, une aussi énergique indépendance. Il combattit donc l'opinion généralement reçue et trop légèrement adoptée, qui tendait à établir que Boileau n'était qu'un versificateur habile et exact, et il fut un des premiers à soutenir que ses ouvrages, modèles d'invention et de style, sont pleins de pensées mâles et hardies, de chaleur, d'harmonie et d'imagination. Il osa dire enfin que c'était un homme de génie, en donnant à ce titre sa véritable acception, et ce jugement est aujourd'hui ratifié au Parnasse.

» On est étonné, après avoir lu les réflexions de Vauvenargues sur Corneille, Racine et Boileau, et après avoir vu le jugement sage qu'il porte encore sur Chaulieu, Quinault et Fontenelle, qu'il ait pu ne pas apprécier avec le même goût, avec la même justesse, Lafontaine, Molière et Jean-Baptiste Rousseau, dont les ouvrages immortels seront à jamais des modèles de grandeur, de finesse et de grâce. On peut attribuer peut-être à ses études sérieuses, à ses profondes méditations le reproche qu'il faisait à Lafontaine d'avoir plus de mémoire que d'invention, plus de négligence que de facilité et d'exactitude. Quoi de plus exact, quoi de plus habilement conçu que ses fables? il semble qu'elles auraient dû racheter à ses yeux les vices trop réels des contes qu'il a produits, et que, moraliste lui-même il aurait dû apprécier davantage un genre qui en présentant la vérité sous les traits ingénieux de l'allégorie, trouve l'homme moins prévenu et mieux disposé à écouter ses leçons, et qu'en animant la nature entière et en donnant à tout ce qui existe une âme, une pensée, une expression, il s'empare de l'univers, pour que l'univers nous instruise de nos devoirs à chaque instant de la vie, et dans chaque objet qui s'offre à nous.

L'opinion de Vauvenargues sur Molière a été moins favorable encore. Elle tenait peut-être à ces mêmes dispositions sévères qui lui faisaient préférer les leçons de morale données par la raison et le sentiment, à celles qui résultaient d'un tableau satyrique ou licencieux : elle tenait sans doute aussi à son indulgence et à l'extrême bonté de son cœur qu'effarouchait une critique amère, ou à la profondeur de son génie qui lui faisait considérer comme trop superficiels les traits d'observation répandus dans les comédies de Molière ; peut-être même était-elle le résultat d'une impression défavorable, reçue à la représentation de quelqu'une de ces parades, débauche d'esprit, que Molière destinait au peuple, et qui durent faire considérer par notre philosophe, comme bas familiers et les sujets qu'il traitait et la manière dont il les traitait. Quoiqu'il en soit, on regrette, en lisant Vauvenargues, de voir qu'il ait borné au seul naturel le mérite de notre immortel comique auquel il aurait dû appliquer cette même pensée que le désir de défendre Voltaire semble lui avoir inspirée « Si l'on ne regarde que certains ouvrages des meilleurs auteurs on sera tenté de les mépriser ; pour les apprécier avec justice il faut tout lire. »

J'aurai plus de peine encore à justifier Vauvenargues du reproche d'avoir méconnu le rare talent de Jean-Baptiste Rousseau. Ses remarques sur l'*Ode à la Fortune* sont plus que sévères, et l'on a raison de s'en étonner. Ce n'est pas cependant qu'on puisse l'accuser de quelqu'intention coupable, ou le soupçonner d'avoir cherché à flatter les passions de Voltaire ; la malignité la plus active n'a jamais pu déverser sur lui un blâme semblable ; mais on peut attribuer, je crois, cette extrême sévérité aux impressions fâcheuses que certains écrits de Rousseau avaient laissées dans les esprits ; à son amour pour le vrai si opposé au genre de l'ode qui vit de fictions et d'enthousiasme, et enfin au ton peut-être trop libre qui régne dans quelques unes des épîtres de Rousseau et qui devait blesser le goût pur et sévère de notre Moraliste.

» Mais après ces observations que la vérité, je dirai même, le désir de persuader, m'ont arrachées, je me hâte de parler des réflexions de Vauvenargues sur nos orateurs. Quelle pompe d'expressions, quel luxe d'images n'emploie-t-il pas lorsqu'il veut caractériser le génie de Bossuet ! Quelle énergie, quelle profondeur ne se trouve pas dans ses paroles, lorsqu'il apprécie le génie de Pascal ! on le voit tour-à-tour, entraîné par l'enthousiasme de Bossuet, s'élancer avec impétuosité dans les cieux, ou, absorbé par la force de Pascal, s'enfoncer avec lui dans les profondeurs du raisonnement et de la dialectique. Tantôt, au-dessus des génies timides, il peint le premier, *éclatant comme un tonnerre dans un tourbillon orageux ;* tantôt il se livre au second qui le *presse, qui l'étonne, qui exerce sur lui l'ascendant despotique de la vérité*, et lui semble expliquer d'une manière surnaturelle, toutes les *conditions, toutes les affections et toutes les pensées des hommes.* Ces tableaux paraîtraient au-dessus de tout éloge, il semblerait impossible de les égaler, si l'on ne trouvait bientôt celui qu'il trace lui-même de Fénélon, ce génie aimable et fécond, dont le nom est devenu le synonime de vertu, et dont la génération présente et les générations à venir adoreront toujours la mémoire. Que d'onction, que de noblesse, que de charme n'attache-t-il pas à cette peinture ! Comme il a su deviner le secret de ses écrits ! Comme il fait bien valoir la bonté de son cœur, son humanité, sa courageuse résignation ! Comme il a fait briller les trésors de son éloquence ! Il semble que Fénélon lui a communiqué son âme, et prêté ses pinceaux : on dirait que le philosophe chrétien renaît dans son panégyriste, et quel panégyriste fut plus digne que Vauvenargues de célébrer Fénélon, et plus capable de faire chérir son héros !

Nous avons reconnu, dans les jugemens de Vauvenargues que nous venons d'analyser, le littérateur et et le critique éclairé ; que ne devons nous pas attendre de lui, lorsqu'il juge La Bruyère ! Là ce ne sont plus les transports de l'ode, les grâces de l'apologue, les finesses et l'habile contexture du drame qu'il doit apprécier avec les seules ressources de son goût ; c'est un art qu'il possède, c'est une étude qui fut celle de sa vie, il est enfin sur son terrain et seul, à l'abri de son talent et de son expérience, il peut nous apprendre ce que nous devons penser du moraliste qui l'a précédé. Comme il m'est doux, messieurs, de pouvoir reconnaître encore en ce moment la beauté de l'âme de Vauvenargues ! comme il m'est doux de rendre un éclatant témoignage de son impartialité et de ses lumières ! oui, j'aime à le proclamer ; loin de chercher à asseoir sa réputation sur les débris de celle de La Bruyère, Vauvenargues a été le premier à l'établir ; et c'est lui qui a élevé cet heureux rival au premier rang des écrivains en France ! Peut-être même son jugement lui est-il trop favorable, en ce qu'il ne lui refuse aucun genre de mérite, même celui du pathétique qu'il ne possédait cependant pas. Pardonnons néanmoins cette louable exagération à un homme qui ne pouvait concevoir la modération dans les éloges, comme il ne pouvait imaginer l'amertume dans les critiques.

Ceci me conduit naturellement, messieurs, à vous parler de la philosophie de Vauvenargues et de ses ouvrages de morale qui sont les titres principaux que ses amis présentent à la postérité pour lui faire obtenir la place qu'il mérite parmi les écrivains qui ont illustré leur patrie.

Le désir d'analyser le moral de l'homme, en liant les conséquences aux principes, et d'établir un système qui pût rendre la certitude de la vertu évidente, avait inspiré à Vauvenargues les divers fragmens compris dans l'introduction aux connaissances humaines, qu'il n'eut pas le temps d'achever. On ne peut disconvenir que les chapitres consacrés à la définition des divers caractères et des nombreuses inégalités de l'esprit, ne présentent en général des vues fines, des aperçus heureux et une grande justesse d'observation. Ceux qui traitent des passions, et ceux qui ont rapport à la vertu et au vice renferment une étendue de connaissances, une force de sens, une profondeur de raisonnement qui présageaient aux philosophes un rival de Pascal, et promettaient à la morale un ouvrage aussi important que l'ouvrage de ce grand homme sur la religion.

Vauvenargues entreprit de tracer des caractères comme La Bruyère, et écrivit des maximes comme La Rochefoucault. Mais plein d'indulgence pour l'humanité et rempli de noblesse dans ses inclinations, il ne put se décider à se servir avec rigueur de l'arme de la satire, et il traça des tableaux moins piquans, moins originaux que pleins de vérité, et plus rapprochés de ceux de Théophraste que des caractères de La Bruyère. Il obtint un bien plus grand succès dans ses maximes, et il méritait ce succès autant par la profondeur, la finesse et la concision qu'elles présentent, que par la variété des pensées qu'elles expriment; ce qui place l'ouvrage de Vauvenargues à côté de tout ce que l'esprit humain a produit de plus exquis en ce genre, dans les temps anciens et modernes.

Il a laissé aussi deux discours sur la gloire, un discours

sur les plaisirs, des essais sur le caractère des différens siècles, un discours sur l'inégalité des richesses, des dialogues, un éloge de Louis XV, des réflexions et des maximes, et divers autres traités sur la morale et la religion qui font autant d'honneur à son esprit qu'à son cœur (1).

» Mais il est temps de faire connaître l'esprit éminemment philosophique et sage qui a présidé à ces diverses compositions. L'on pourrait contester à Vauvenargues, comme on l'a contesté à La Bruyère, le mérite soutenu du style, une constante correction, une élocution toujours pure, la propriété des expressions, quoique son style ait la plus grande précision et beaucoup d'énergie, qu'il ait une chaleur vive et animée, une physionomie neuve et originale et qu'il se soit élevé quelquefois au ton de l'histoire et de la haute éloquence; mais ce qu'on ne pourra jamais lui contester, c'est la perfection de son entendement et la sublimité de ses principes.

Montaigne livré aux rêveries du scepticisme n'avait recherché la vertu et ne caractérisa le vice que par rapport à lui-même et pour ménager ses plaisirs et ses jouissances. Il peignit les hommes d'après les sensations qu'il éprouvait et l'on peut croire qu'avec le fonds de sensualité vraiment épicurienne qu'il avait, et son extrême vanité, il devait porter des jugemens souvent hasardés.

---

(1) M. Jay, dans un ouvrage intitulé *Le Glaneur* avait publié trois dialogues inédits de Vauvenargues. Ces dialogues et d'autres encore, des réflexions et maximes nouvelles, de nouveaux caractères et l'éloge de Louis XV sont renfermés dans un volume publié dernièrement sur les manuscrits autographes de l'auteur, et servent de supplément à ses œuvres. De sorte qu'on peut se flatter aujourd'hui de posséder tout ce que Vauvenargues a écrit.

La Rochefoucault , né dans un temps d'intrigues et de factions , se jettant constamment dans des différens partis par l'effet de son inconstance naturelle , et s'en retirant avec le même empressement par la force de sa raison et l'impulsion de son cœur , dut nécessairement être froissé par les événemens. Tantôt acteur , tantôt spectateur dans ces représentations tumultueuses où toutes les passions étaient en jeu , il dut observer la légéreté des hommes , leur faiblesse , leur hypocrisie et prendre de la nature humaine l'opinion la plus désavantageuse. Témoin du triomphe du vice , il dut méconnaître la vertu ; victime de l'ingratitude , il dut l'attribuer à l'empire de l'amour-propre et faire de ce sentiment le mobile de toutes nos actions. Ses maximes ne sont que le développement de cette opinion qui , pour avoir été présentée sous mille aspects divers et toujours d'une manière piquante , n'en outrage pas moins l'humanité. Ainsi nous considérerons cet ouvrage de La Rochefoucaults» qui avait beauconp d'esprit et peu d'instruction , moins comme un traité de morale que comme des proverbes infiniment ingénieux et amusans.

Les caractères de Labruyère rempliraient l'idée qu'on peut se faire d'un traité semblable , s'il suffisait de présenter dans un cadre neuf et varié , avec une originalité naïve , un tour vif et hardi , un coloris brillant , ces traits qui caractérisent les passions , les vices ou les ridicules d'un particulier. Personne ne peut en ce genre disputer la palme à la Bruyère ; jamais tableaux ne seront tracés d'une manière plus énergique que ses caractères qu'on peut hardiment placer parmi les ouvrages renfermant le plus de pensées et qui ont le plus servi à former la langue et à éclairer l'esprit. Mais il ne suffit pas en écrivant sur les mœurs , d'indiquer les ridicules du siècle, et les travers de l'esprit ; il ne suffit pas

(25)

de peindre l'homme tel qu'il se montre dans le monde,
il faut encore interroger son cœur, consulter ses passions, le considérer dans les illusions de la fortune et
du pouvoir comme dans les angoisses de la souffrance
et du malheur ; il faut peindre l'homme de tous les siècles,
de tous les âges, de toutes les conditions, et c'est ainsi
qu'on enrichit son pays d'un livre fait réellement pour
instruire, et digne d'arriver à la postérité. Je ne crois
pas qu'en cela La Bruyère soit irréprochable. Il n'a pas
assez pénétré dans les replis du cœur humain ; il a plutôt
caractérisé les passions de la cour et du grand monde
que celles des hommes en général ; son ouvrage m'annonce
bien qu'il y a des vices ; mais ces vices n'étant pas ceux
de mon état, je me suppose vertueux, et d'ailleurs, qui
m'assure que le siècle qui va suivre, que les siècles à
venir aient les mêmes mœurs, les mêmes usages, et
alors, que deviendront les observations auxquelles les
mœurs seules du siècle présent ont donné lieu !

Je trouve dans les ouvrages de Vauvenargues ce que
je chercherais en vain dans ceux des trois moralistes
qui l'ont précédé ; c'est-à-dire des observations prises
dans la nature et applicables dans tous les temps. Je
sonde mon cœur, je vois qu'il en a surpris les secrets ;
j'étudie les actions des hommes, je vois qu'il en a connu
le mobile ; je cherche à m'éclairer de mes devoirs, je
trouve dans ses écrits des leçons utiles et des préceptes
irrécusables ; il m'indique ce que je dois craindre, ce
que je dois aimer : il me donne la mesure de mes forces
et me livre mon propre bonheur, en me persuadant
qu'il dépend de la vertu, et en me donnant les moyens
de l'acquérir. Je reconnais dans ses ouvrages, non point
les hommes qui ne sont mus que par le plaisir ou la
douleur, comme ceux de Montaigne ; non point les

hommes de la fronde seule, comme ceux de la Roche-foucault ; non point les hommes de la cour de Louis **XIV**, comme ceux de La Bruyère ; mais ceux de tous les pays, de toutes les classes et de tous les siècles. Il ne m'offre point ces peintures qui ne servent qu'à énerver les sens ; ces boutades misanthropiques que la malignité se plaît à adopter avec tant de plaisir; ces portraits satiriques si faciles à faire ; mais il est plus sage, mais il est moins décourageant, mais il est moins amer et moins méchant, et si, par cette même raison, il paraît moins piquant, il a plus d'élévation dans les pensées, il rend l'homme à sa dignité, il le rend à l'espérance, il ne le désespère pas, il le console; il ne l'accuse pas, il le défend : il lui fait enfin aimer la vertu, parce qu'il prête à la vertu le langage le plus persuasif et le plus tendre, et qu'il sait parler à son âme. O vous, qui vous érigez en réformateurs du genre humain, brisez vos pinceaux, si vous devez les tremper dans le fiel ; effacez vos pages inhumaines, si elles doivent porter le déses-poir dans nos cœurs ; fuyez, fuyez loin de nous, si vous vous préparez à déchirer impitoyablement le bandeau de nos illusions. Quoi! vous voulez me conduire à la vertu, et vous me représentez cette vertu impossible ! Vous voulez me roidir contre le vice, et vous me montrez partout ce vice triomphant ! Vous voulez me rendre heureux, et vous détruisez tous les élémens de mon bonheur ! Ah ! laissez-moi mes erreurs, laissez-moi ces illusions qui trompent du moins les misères de ma vie : laissez-moi l'espérance, cette consolation du malheureux, qui le soutient dans l'infortune et lui promet un bien que vous lui ravissez !

Mais que dis-je! cette espérance n'est point trompeuse; non ; un Dieu souverainement bon, souverainement juste, qui a établi dans l'Univers un ordre si parfait,

ne peut avoir voulu nous créer pour le malheur : non ,
je le sens à ces transports que les écrits de Vauvenargues
m'ont inspirés , et qui m'élèvent vers la Divinité ;
l'homme est capable de bonheur , puisqu'il a une âme ;
il ne tient qu'à lui d'éprouver l'amour , la reconnaissance , la pitié ; la pitié , la reconnaissance et l'amour
assureront son bonheur , et feront de sa vie une suite
de jouissances et de plaisirs.

O Vauvenargues , ô moderne Socrate , ô Sage , digne
des plus beaux temps de la philosophie , que ne peux-
tu nous répéter ces maximes qui , jusques au dernier
instant de ta vie , nous firent chérir la vertu ! Que
ne peux - tu t'écrier encore : « *les grandes pensées
viennent du cœur* » et nous le prouver par tes discours !
Que ne peux - tu te soulever de cette couche funèbre
pour répondre à ces imprudens blasphèmes qui outra-
gent la morale et la vérité ! Oui , déjà l'on ose
dire que la supériorité des hommes ne tient qu'à leurs
imperfections ; que toutes leurs pensées viennent des
sens ; que la probité n'est que l'habitude des actions
personnellement utiles ; qu'il est impossible d'aimer le
bien pour le bien ; que la fatalité nous enchaîne et
le néant nous attend : déjà l'on ose souiller ta mémoire et t'accuser de partager ces principes destructeurs ;
et , parce que tu fus l'ami d'un philosophe , et parce
que tu ne partageas point le fanatisme et les préju-
gés de l'ignorance ou de l'orgueil , on dénature tes
écrits , on s'empare de quelques mots échappés à ton
attention , on torture tes expressions , et l'on te range
dans la classe de ces hommes qui n'aspirent qu'à la désorganisation et au renversement de tous les principes !
Mais tes écrits , mais tes paroles , mais ceux qui t'ont
connu sont là pour te défendre. La postérité , plus juste

saura t'apprécier, et tu reprendras la place due à tes talens et à tes rares vertus.

« Les maximes des hommes décèlent leur cœur ».

Ah ! messieurs, était-il vicieux celui qui s'écriait : *« faisons tout le bien qui tente nos cœurs ; on ne peut être dupe d'aucune vertu. Il ne tient pas à nous de devenir riches ou puissans, mais rien ne peut nous empêcher d'être bons, généreux et sages, il faut préférer la vertu à tout.*

Cherchait-il à désorganiser, celui qui disait : *« la dépendance est née de la société »*.

« La loi souveraine de la nature est la subordination ; nous voudrions dépouiller de ses vertus l'espèce humaine, pour nous justifier nous-mêmes de nos vices, semblables à ceux qui se révoltent contre les puissances légitimes, non pour égaler tous les hommes par la liberté, mais pour usurper la même autorité qu'ils calomnient ».

« La sévérité dans les lois est humanité pour les peuples. Dans les hommes, elle est la marque d'un génie étroit et cruel ; il n'y a que la nécessité qui puisse la rendre innocente ».

« Les principes corrompus d'un siècle entraînent infailliblement la ruine des plus grands empires. Qui peut rendre un peuple puissant, si ce n'est l'amour de la gloire ! Qui peut le rendre heureux et redoutable sinon la vertu ! »

Avait-il une audace présomptueuse ou une hardiesse coupable, celui qui refusa de se mettre sur les rangs des candidats à l'Académie française, sous le motif qu'il n'avait pas assez de titres ni assez de talent pour cela. (1)

____

(1) Voltaire un jour adressait à Vauvenargues quelques phrases

N'était-il pas généreux, indulgent, humain l'homme qui écrivait : « *Il faudrait qu'on nous pardonnât au moins les fautes qui n'en seraient pas sans nos malheurs, ou si nous étions plus heureux.*

« *On ne peut être juste, si l'on n'est humain.*

» *La nature qui nous inspire de nous venger peut, en s'élevant encore plus haut, nous inspirer de pardonner.* »

Était-il incrédule et athée (1) celui qui a pu dire à un siècle démoralisé : « *L'intrépidité d'un homme mourant qui a méconnu la religion, ne peut le garantir de quelque trouble, s'il raisonne ainsi : Je me suis trompé mille fois sur mes plus palpables intérêts, et j'ai pu me tromper encore sur la religion ; or je n'ai plus le temps ni la force de l'aprofondir et je meurs..... — Le plus*

---

latines. Celui-ci lui en ayant demandé modestement la traduction, Voltaire en fut si étonné, qu'il lui répondit en ces termes : « Ma surprise a d'abord été extrême: qu'un homme de votre mérite dans les lettres ait pu y parvenir sans savoir le latin ; mais un instant après, j'ai fait réflexion qu'Homère ne le savait pas non plus. (*Histoire des hommes illustres de Provence.*)

(1) La Harpe a pleinement justifié Vauvenargues du reproche qu'on lui adressait, d'après Condorcet et d'autres écrivains du 18.ᵉ siècle, de n'avoir composé la méditation sur la foi et la prière que par un jeu d'esprit et pour imiter la manière de Pascal. Je crois pouvoir ajouter que, quand même les raisons victorieuses que La Harpe a données ne satisferaient pas, et que le ton qui règne dans ces morceaux ne garantirait pas assez la conviction et la sincérité de Vauvenargues que d'ailleurs son caractère connu et sa vie entière auraient dû préserver de tout injurieux soupçon, ses autres écrits et principalement ses discours suffiraient pour persuader à tout homme impartial qu'il portait dans son âme les principes de la véritable piété, d'autant plus louable chez lui, qu'étant le fruit de ses méditations, elle était à l'abri de toute atteinte, et dégagée de toute superstition.

sage et le plus courageux de tous les hommes , monsieur de Turenne , a respecté la religion , et une infinité d'hommes obscurs se placent au rang des génies et des âmes fortes seulement à cause qu'ils la méprisent.

« Combien d'hommes par un aveuglement qui fait horreur , portent l'impiété et l'audace jusqu'à nier l'existence de la Divinité ! La terre et les cieux la confessent ; l'Univers en porte partout l'auguste marque ».

Et ce discours sur l'inégalité des richesses, où il s'écrie : « *O mon Dieu ! si vous n'étiez pas pour moi , seule et délaissée dans ses maux, où mon âme espérerait-elle ?* » Et cette méditation sur la foi ; et cette prière , qui porte de si nobles traces de la plus vive pitié , et s'élève aux plus sublimes élans de l'âme ! Et ces vertus, que Vauvenargues pratiqua toujours avec un zèle si ardent , et sa vie toute entière , ne déposent-elles pas en faveur de ses sentimens et de la pureté de ses principes ! ! !

Ah ! je vous accuse comme de vils calomniateurs, vous qui prétendez que Vauvenargues prêchait le désordre et voulait le scandale ! Je pose la main sur ses divins ouvrages, et je dis, jamais homme ne reçut de la nature une âme plus belle, un génie plus élevé ; jamais homme ne fut mieux fait pour faire chérir les lois et la vertu , ses Rois et son Dieu ; jamais homme ne fut enfin plus digne de parler aux peuples de leurs droits et de leur indépendance, parce qu'il sut distinguer ces biens précieux de la licence et de l'anarchie, qu'il regarda toujours comme les fléaux des empires.

Et toi (1) que son amitié illustra autant que celle de

______

(1) Voyez l'éloge d'Hypolite de Seytres, son ami et son compagnon d'armes, pour lequel il avait écrit ses conseils à un jeune homme , ses deux discours sur la gloire et son discours sur les plaisirs.

Montaigne pour la Béotie, bien plus que celle de **La Bruyère** pour le jeune Soyecour, fais entendre les gémissemens des tombeaux ; ses bras creusèrent ton cercueil ; ses larmes mouillèrent ton corps glacé ; sa voix s'éleva pour toi vers l'Éternel ; ses pages furent couvertes des expressions brûlantes de son désespoir ; va chez les morts consoler sa grande âme ; va leur retracer les vertus qui honorèrent son existence et le courage qui illustra ses derniers momens : va leur dire que la patrie en deuil, assise près de son mausolée, attend que la postérité recueille le nom du grand moraliste et de l'excellent citoyen que nous avons perdu.

Et vous qui, comme moi, l'avez connu, vous qu'il a protégés, vous qu'il a secourus, vous tous enfin qu'il aimait, venez pleurer avec moi près du tombeau où il repose, et remplir en ce jour encore les devoirs de la reconnaissance et de l'amitié. »

G.

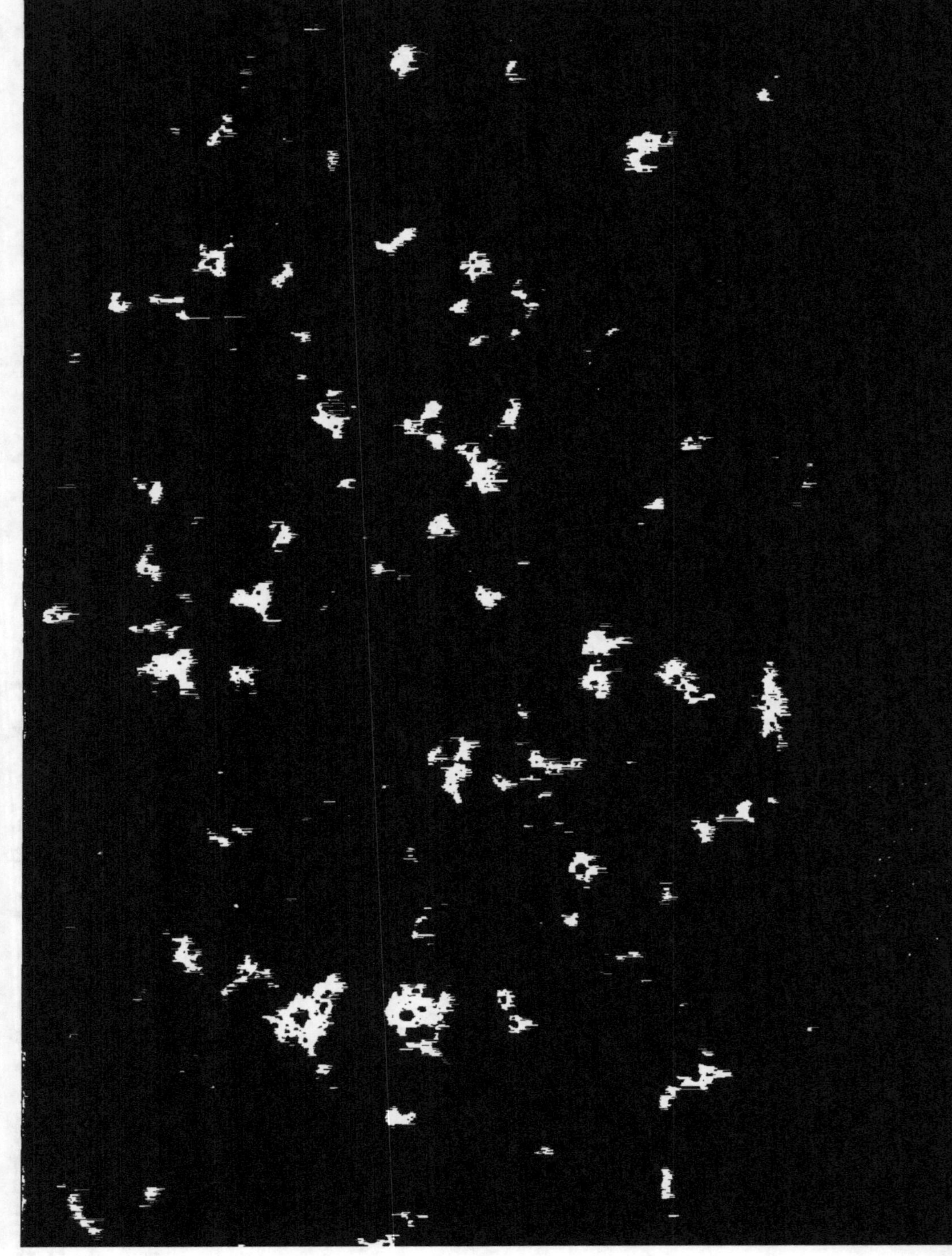